raoul schrott · guihelm ix.

RIME

wie die elf lieder des guihelm ix., herzog
von aquitanien & graf von poitiers,
1071 – 1127, von dem raoul schrott
in das deutsch geschrieben
wurden und dieser sich,
1990 – 1991, darauf mit
selbiger feder ein
dutzend verse
machte, für
daniela.

haymon

guihelm ix. – raoul schrott

für la dangerosa

die
elf lieder

mit vier bildern
von
adolf frohner

Ihaymon-verlag, innsbruck
alle rechte vorbehalten
gestaltung: raoul schrott
satz, druck: werkstatt der
familie plangger, landeck
copyright innsbruck 1991
ISBN 3 85218 - 095 - 3

GUIHELM IX.
GRAF VON POITIERS & HERZOG VON AQUITANIEN
1071 - 1127

Der graf von poitiers war einer der nobelsten edelleute und einer der größten verführer; er war ein tapferer und streitbarer ritter und ein großer schürzenjäger; er verstand es, trefflich zu dichten und zu singen, und lange zeit zog er durch die welt, die frauen zu betören.

Er hatte einen sohn, der die herzogin der normandie zur gemahlin nahm, deren tochter mit könig heinrich von england vermählt wurde, die mutter von könig johann und könig richard und könig gottfried von der bretagne.

vida einer liederhandschrift

D er gehobenen stellung des ersten uns überlieferten trobadors ist es zu verdanken, daß sich sein leben in groben zügen nachzeichnen läßt – was nicht zuletzt auch an der zahl seiner gegner lag.

So war er zwar für oderic vital *wagemutig, tapfer und von überaus fröhlichem charakter; in seinen ausgelassensten scherzen übertraf er selbst die amüsantesten komödianten,* aber für geoffroi le gros war er *ein feind jeder scham und heiligkeit,* und für william of malmesbury *suhlte er sich, von jerusalem zurückgekehrt, sosehr im morast des lasters, daß man denken könnte, er glaube die welt nicht von der vorsehung, sondern vom zufall regiert.*

H erzog guihelm ix. von aquitanien (der siebente graf von poitiers) wird am 22. oktober 1071 geboren; als sein vater 1086 an einem jagdunfall stirbt, wird er um einige jahre älter erklärt, um die nachfolge ohne allzuviele schwierigkeiten zu sichern – der beiname *le jeune* bleibt ihm noch lange haften. mit fünfzehn jahren erbt er ländereien, die von der loire bis zu den pyrenäen, von der auvergne bis zum atlantik reichen und ein größeres besitztum darstellen, als es der könig von frankreich sein eigen nennen kann; doch um sie zu halten, muß er im lauf seines lebens eine ganze reihe von querelen und feldzügen auf sich nehmen.

1087 und 1089 reist er nach bordeaux, um seinem anspruch auf die gascogne geltung zu verleihen; nach der zweiten reise heiratet er, wohl unter dem druck seiner ratgeber, die vier jahre ältere *ermengard,* tochter von foulque le réchin, dem grafen von anjou – eine etwas kapriziöse und launische dame, auf die auch seine ersten gedichte anzuspielen scheinen.

1091 läßt er sich aber bereits wieder, mit zustimmung der kirche, von ihr scheiden und nimmt sich 1094 die ein jahr jüngere *filippa* (auch *mahaut* genannt) zur frau, die kurz zuvor witwe sancho ramirez', des königs von aragon und navarra, geworden war und als tochter guihelms ıv. von toulouse weitläufig mit ihm verwandt ist.

1095 proklamiert papst urban ii. den ersten kreuzzug; als er kurz darauf eine reise durch guihelms ländereien macht, beweist dieser genug politisches geschick, um der aufforderung zu entgehen. dasselbe gespür beweist guihelm, als er 1098 anspruch auf die erbländereien seiner frau erhebt, nachdem ihr onkel, raymond de saint-gilles, der graf von toulouse, zum kreuzzug aufbricht und die besitzungen seinem zwölf jahre alten sohn überläßt. die kampagne verläuft erfolgreich, und im selben jahr noch läßt er seine frau in toulouse zurück, um in der normandie william the red in seinem kampf gegen den könig von frankreich, philippe ı., zu unterstützen.

1099 kommt sein sohn, guihelm x., zur welt, und als jerusalem am 15. juli erobert wird, überkommt ihn die lust auf andere abenteuer. er hofft auf die finanzielle unterstützung des englischen königs für seinen kreuzzug, eine hoffnung, die sich zerschlägt, als william bei einem jagdunfall umkommt. von religiösem eifer spricht dieses vorhaben jedoch kaum: beim konzil von poitiers im jahr 1100 legt er sich das erste mal direkt mit der kirche an – indem er seinen einstigen gegner, philippe ı., und seine skandalöse affaire mit der gräfin von anjou verteidigt, ohne jedoch etwas zu erreichen – ein diplomatischer schachzug wohl ebenso wie ein ehrliches anliegen seinerseits.

D ie für den kreuzzug nötigen mittel treibt er schließlich auf, indem er die gerade eroberte grafschaft toulouse für eine große summe geldes wieder an den sohn raymonds de saint-gilles abtritt. im märz 1101 bricht er mit einem troß von 30.000 auf und zieht zusammen mit welf, dem herzog von bayern, der markgräfin ida von österreich und konrad, dem stallmeister heinrich ıv., nach palästina. ihre armee von inzwischen 300.000 gerät bei heraklia in einen hinterhalt und wird fast vollständig aufgerieben. seine schuld ist es nicht, aber sein ruf ist inzwischen schon so schlecht, daß uns geoffroi de vigeois überliefert: *in wahrheit fügte er dem ruhme christi nichts hinzu; er war ein besessener liebhaber der frauen; deshalb fehlte es seinen unternehmungen an beständigkeit und wurde seine armee von den sarazenen massakriert.*

Er selbst kann knapp entkommen und nach antiochia flüchten. ostern 1102 stattet er jerusalem einen kurzen besuch ab und schifft sich in jaffa ein; ein sturm aber zwingt ihn zur rückkehr, sodaß er im september an der fruchtlosen belagerung askalons teilnimmt. nach all diesen desastern hat er endgültig genug und ist ende oktober wieder zurück in poitiers. es ist wahrscheinlich, daß er sich nach diesen einschneidenden erfahrungen nun mit der poesie auseinandersetzt; jedenfalls berichtet orderic vital darüber:
der graf von poitiers kehrte mit wenigen gefährten zurück, und da er von natur aus ein leichtfertiger mensch war, von seinem gegenwärtigen wohlstand noch darin bestärkt, gefiel es ihm, von den miseren seiner gefangenschaft in rhythmischen versen mit gefälligen melodien zu singen, vor dem könig, den edelleuten und der ganzen christlichen gefolgschaft; william of malmesbury fügt hinzu: *sein gefasel war durch eine falsche eleganz gefällig, er rezitierte zum reinen vergnügen, daß die zuhörer aus voller kehle lachten.*

Filippa hat während seiner abwesenheit regiert; die unzähligen differenzen unter seinen vasallen zu klären, das kommt jetzt auf ihn zu – ebenso wie ein distanzierteres verhältnis zu seiner frau, die unter dem einfluß des predigers robert d'arbrissel seinen lockeren lebenswandel immer weniger zu tolerieren beginnt. 1104 hat er schwierigkeiten mit den angevinern, 1108 erneut; 1112 revoltieren auch die herren von lusignan und parthenay gegen ihn, immer unterstützt von foulque d'angers. er kann die aufstände niederschlagen, wird aber am oberschenkel so schwer verletzt, daß er zu einem längeren genesungsaufenthalt im krankenlager von saint-jean d'angely gezwungen wird. während dieser zeit versucht er, sich mit der kirche wieder gut zu stellen, indem er ihr einige stiftungen macht.

Als er jedoch 1113 die grafschaft toulouse erneut besetzt und daraufhin geld braucht, um seine vasallen zu besänftigen, kommt er in konflikt mit pierre ii., dem bischof von poitiers, wahrscheinlich wegen der steuern, die er dafür der kirche auferlegt. er kann die grafschaft nicht halten und wird 1114 vom bischof exkommuniziert: *die szene, in der der graf in der kathedrale den bischof, seinen alten väterlichen ratgeber, daran hindern wollte, die exkommunikation auszusprechen, war von unerhörter gewalt. der graf, völlig außer sich, griff den prälaten an den haaren und zog sein schwert mit den worten: „du stirbst, wenn du mir nicht absolution erteilst!" der bischof gab in seiner bedrängnis zum schein nach, doch sobald er wieder frei war, sprach er schnell die formel und fügte hinzu: „jetzt schlag zu, schlag zu!" worauf guihelm, wieder herr seiner selbst, mit der gewohnten höflichkeit antwortete: „ich hasse dich sosehr, daß du meines hasses nicht mehr würdig bist, und durch meine hand fährst du schon gar nicht in den himmel!"* er rächt sich dennoch, indem er ihn erst ins gefängnis wirft und dann ins bischöfliche schloß von chauvigny verbannt, wo er im april 1115 stirbt, nicht ohne vorher noch einige wunder vollbracht zu haben. guihelm aber meinte dazu nur kurz, *daß er es bereue, ihn nicht schon damals umgebracht zu haben, weil er doch sicher froh gewesen wäre, gleich ins paradies zu kommen.*

Guihelm hat seit einigen jahren bereits eine berüchtigte affaire mit der frau des benachbarten vize-grafen von châtellerault, auch *la dangerosa* genannt. im kampf trägt er anscheinend ein schild, auf dessen innenseite er das porträt der geliebten hatte malen lassen: *weil sie ihn ja im bett trug, konnte er sie wohl auf dem schlachtfeld tragen!* er quartiert sie schließlich in einem eher unbequemen trakt seines schlosses ein, was ihr den spitznamen *la maubergeonne,* „die schlecht beherbergte", gibt. als es darum geht, seine exkommunikation zu bestätigen oder nicht, fordert ihn der kahlköpfige legat des papstes, girard, auf, sie sofort zu verjagen, worauf ihm guihelm antwortet: *das soll geschehen, sobald du dir deine rebellischen haare zurecht gekämmt hast!*

Diese affaire führte nicht nur zum bruch mit seinem sohn; im selben jahr, 1115, läßt sich auch seine frau von ihm scheiden und geht mit ihrer tochter in das von robert d'arbrissel gegründete kloster von fontevrault, wo inzwischen auch schon seine erste frau gelandet war. in diesem zusammenhang paßt die von william of malmesbury aufgezeichnete anekdote, daß guihelm bei niort (dem nieuil aus guihelms lied?), unweit von poitiers, gewisse gebäude wie kleine klöster habe aufführen lassen und gesagt habe,

er werde dort eine abtei von dirnen errichten; die tüch-
tigsten frauen, die er beim namen nannte, werde er zu
äbtissinnen oder priorinnen, die übrigen zu schwestern
bestimmen – eine deutliche anspielung.

Über den rest seines lebens ist weniger bekannt. 1117
macht er eine pilgerfahrt nach santiago de compostella
(auf die sein abschiedslied anzuspielen scheint), im jahr
darauf wird seine exkommunikation vom papst wieder auf-
gehoben. 1120 ist er am sieg alphons I. bei cutanda über die
almoraviden mit 600 rittern beteiligt. 1122 wird er zum groß-
vater eleonores, der späteren königin von frankreich und
england, der mutter richard löwenherz'. am 10. februar 1127
stirbt er und wird in der abtei montierneuf in poitiers
beigesetzt.

guihelm IX. im «troparium et prosarium
sancti martialis lemovicensis»
(um 1100);
bibliothèque nationale, paris

I

companho, tant ai agutz
          d'avols conres
qu'ieu non puesc mudar no·n chan
          e que no·m pes:
enpero no vueill c'om sapcha
          mon afar de maintas res.

e dirai vos m'entendensa,
          de que es:
no m'azauta cons gardatz
          ni gorcs ses peis,
ni gabars de malvatz homes
          c'om de lor faitz non agues.

senher Dieus, quez es
          del mon capdels e reis,
qui anc premier gardet con,
          com non esteis?
c'anc no fo mestiers ni garda
          c'a sidons estes sordeis.

pero dirai vos de con,
          cals es sa leis,
com sel hom que mal n'a fait
          e peitz n'a pres:
si com autra res en merma,
          qui·n pana, e cons en creis.

e sel qui non volra·n creire
          mos casteis
an ho vezer pres lo bosc,
          en un deveis:
per un albre c'om hi tailla
          n'i naison ho dos ho treis.

e quan lo bocx es taillatz,
          nais plus espes;
e·l senher no·n pert son comte
          ni sos ses:
a revers planh hom la tala,
          si·l dampn ....

tortz es co ....
          dan no·i a ....

I

gefährten, wenn man mir
        das gastrecht bricht,
muß ich davon singen,
        es ist meine pflicht,
obwohl ich dabei lieber
        auf zuhörer verzicht'.

ich sag' euch, gegen was
        und wen ich mich richt':
einem teich ohne fische
        die behütet' musch gleicht,
was ich sowenig leid
        wie schwätzer und gicht.

mein herr, gott und könig,
        dem ich nun beicht',
warum stirbt nicht jener,
        der um die musch schleicht,
sie nur geizig bewacht
        und seiner pflicht weicht?

ich bin ein mann und
        in diesen dingen geeicht,
der musch gesetz kenn'
        ich aus meiner sicht:
alles wird kleiner beizeit,
        nur sie größer leicht!

hat einer noch zweifel,
        meint er nur vielleicht,
dann seh' er, wie im wald
        einer lichtung sie gleicht:
dort wachsen zwei neue,
        wo ein baum der axt weicht;

und ist er einmal gefällt,
        wird er schnell wieder dicht,
sein herr verliert weder
        den zins noch sein gesicht,
klüger wär d'rum,
        er beklage sie und sich nicht!

denn unrecht hat der,
        der keinen zoll ihr entricht'!

II

compaigno, non puosc mudar
        qu'eo no m'effrei
de novellas qu'ai auzidas
        et que vei:
qu'una domna s'es clamada
        de sos gardadors a mei.

e diz que non volo prendre
        dreit ni lei,
ans la teno esserrada
        quada trei:
tant l'us no·ill larga l'estaca
        que l'altre plus no la·ill plei.

et aquill fan entre
        lor aital agrei:
l'us es compains gens
        a for manda-carrei,
e meno trop maior nauza
        que le mainada del rei.

et eu dic vos, gardador,
        e vos castei
(es sera ben gran foli'
        a qui no·m crei)
greu verretz neguna garda
        que ad oras non sonei.

qu'eu anc non vi nulla domn'
        ab tan gran fei,
qui non vol prendre son plait
        o sa mercei,
s'om la loigna de proessa
        que ab malvestatz non plaidei.

e si·l tenez a cartat
        lo bon conrei,
adoba·s d'aquel
        que troba viron sei:
si non pot aver caval,
        ela compra palafrei.

gefährten, ich kann mich
     der empörung kaum erwehren,
über einen streit,
     den ausgerechnet ich soll klären:
eine dame muß ich richten
     und ihrer tugend wächter beschweren.

sie sagt, daß sie sich nicht
     um recht noch unrecht scheren,
für ihre freiheit will sie sich
     und gegen deren willkür wehren:
lockert einer ihr die zügel,
     wollen die anderen sie gleich entehren.

sie sind ihr mehr als lästig,
     und können sie doch nur versehren:
wie ein kärner ritterlich
     quält der eine sie voll begehren;
die anderen machen mehr tam-tam
     als eines von des königs heeren!

nun, euch heuchlerpack
     will im guten ich belehren,
was seid ihr doch für narren,
     die besser vor der eig'nen türe kehren:
keine wache gibt's,
     die sich des schlafes kann erwehren!

und keine frau kenn' ich,
     auch von noch so hehren ehren,
die nicht voll list und
     hintertrieben würde aufbegehren,
wollte man ihr den auslauf
     ganz und gar verwehren;

und hängt man sie ihr hoch,
     die trauben und die süßen beeren,
begnügt sie sich eben
     mit hafer und mit ähren:
ein ackergaul tut es auch,
     muß eines hengstes sie entbehren!

non i a negu de vos
　　　　　ia·m desautrei,
s'om li vedava vi fort
　　　　　per malavei,
non begues enanz de l'aiga
　　　　　que·s laisses morir de sei.

chascus beuri' ans de l'aiga
　　　　　que·s laises morir dessei!

III

companho, farai un vers
　　　　　qu'er covinen,
et aura·i mais de foudatz
　　　　　no·i a de sen,
et er totz mesclatz d'amor
　　　　　e de joi e de joven.

e tenhatz lo per vilan,
　　　　　qui no l'enten,
qu'ins en son cor voluntiers
　　　　　res non l'apren:
greu partir si fai d'amor
　　　　　qui la trob' a son talen.

dos cavals ai a ma sselha,
　　　　　ben e gen;
bon son ez ardit
　　　　　per armas e valen;
ma no·ls puesc tener amdos,
　　　　　que l'uns l'autre non consen.

si·ls pogues adomesgar
　　　　　a mon talen
ja no volgr' aillors
　　　　　mudar mon garnimen,
que meils for' encavalguatz
　　　　　de nuill hom en mon viven.

mich wird da keiner
                umstimmen oder andres lehren:
wem man der krankheit halber
                nicht mit gutem wein will nähren,
wird nicht verdursten,
                sondern eben den krug wasser leeren!

statt zu verdursten, würden doch
                selbst wir einen krug wasser leeren!

III

gefährten, ein lied will ich singen,
                das euch gefällt,
das närrische possen mehr als
                vernunft enthält,
in dem sich die liebe zur lust
                und jugend gesellt.

einen flegel und bauer ich den
                geradheraus schelt',
der es nicht lernt, dem's immer
                wieder entfällt:
nur wer die liebe schwer läßt,
                den sie im herz' hält!

zwei pferde für einen sattel stehen
                bei mir im zelt,
vollblütig und streitbar sind beide
                wohl wert ihr geld,
doch eins muß ich lassen, da eins
                über's andre herfällt.

könnt' ich sie zähmen, meine brust
                wär' stolz geschwellt,
bräucht' kein zaumzeug mehr,
                für nichts auf der welt
und käme doch besser geritten als
                in pantoffeln ein held.

launs fo dels montanhiers
                lo plus corren,
mais aitan fer’ estranhez’
                ha longuamen
ez es tan fers e salvatges,
                que del bailar si defen.

l’autre fo noiritz sa jos,
                pres Cofolen;
ez anc no·n vis belazor,
                mon essien:
aquest non er ja camjatz,
                ni per aur ni per argen.

qu’ie·l donei a son senhor
                poilli paisen,
pero si·m retinc ieu
                tan de covinen
que, s’il lo tenia un an,
                ieu lo tengues mais de cen.

cavalier, datz mi conseill
                d’un pensamen:
anc mais no fui eissarratz
                de cauzimen:
re no sai ba cal me tenha,
                de N’Agnes o de N’Arsen.

de Gimel ai lo castel
                e·l mandamen
e per Niol fauc
                ergueill a tota gen:
c’ambedui me son jurat
                e plevit per sagramen.

das eine aus den bergen über
     jeden graben schnellt,
doch meine lust ist mir an ihm
     bitter vergällt,
da es sich wütend und wild gegen
     mein striegeln stellt.

von *confolens* unten bekam ich
     das andere gestellt,
kein schöneres steckenpferd man
     für seine schenkel erhält,
nicht für silber und gold man
     mich um dieses roß prellt.

seinem herren hatt' ich es als fohlen
     in den stall gestellt,
mit dem recht, daß er's auf zins
     und zinseszins vergelt;
hundert jahre sei's mein, für jedes,
     das er sich's behält.

gefährten, ich hoffe, daß mir esel
     nun euer rat gelt,
mein herz verzweifelt zerspringt
     und verwirrt überquellt,
ob mir das von *fr. agnes* oder
     fr. arsen besser gefällt.

in *gimel* wird mir land und burg
     auf's .beste bestellt,
und für *nieuil* mir neid und stolz
     aller leute zufällt;
durch lehen und schwur sind beide
     mir treu unterstellt.

ben vueill que sapchon li pluzor
d'un vers, si es de bona color
qu'ieu ai trat de bon obrador;
qu'ieu port d'aicel mester la flor,
    et es vertatz,
e puesc ne trair lo vers auctor,
    quant er lasatz.

eu conosc ben sen e folor,
e conosc anta et honor,
et ai ardiment e paor;
e si·m partetz un joc d'amor,
    no soi tan fatz
no sapcha triar lo meillor
    d'entre·ls malvatz.

eu conosc be sel que be·m di
e sel que·m vol mal atressi;
e conosc be celui que·m ri,
e sels que s'azauton de mi
    conosc assatz:
e atressi dei voler lur fi
    e lur solatz.

ben aia cel que me noiri,
que tan bon mester m'escari
que anc a negun no·n failli:
qu'ieu sai jogar sobre coisi
    a totz tocatz;
mas no sai de nuill mon vezi,
    qual que·n vejatz.

Deu en laus e saint Julia:
tant ai apres del joc dousa
que sobre totz n'ai bona ma;
ja hom que conseill me querra
    no l'er vedatz,
ni nuils de mi non tornara
    desconseillatz.

ich sag' es euch allen, ganz ohne hohn,
ich treff' immer den richtigen ton,
in diesem lied, meiner werkstatt fron;
in dem metier trag' ich den preis davon,
    nicht bloß auf dem papier
ist mein vers zeuge wider jede argwohn,
    wenn ich ihn polier'.

weisheit und ehre, die habe ich schon,
narrheit und schmach ist der welt lohn,
in der sie mit mut und furcht droh'n;
und wenn ich nun einer dame beiwohn',
    schwöre ich dir,
daß ich mir auch dann hol' die kron'
    und nicht verlier'.

ich kenne jene, die schmeicheln zum schein
und mir hinter dem rücken stellen ein bein
und die, welche mich verlachen obendrein;
doch dem, der mir sein gehör will leih'n,
    ma dame et mon sire,
will ich gern all meine kunst weih'n,
    zu seinem pläsir.

lehrt er mich neues, so sei das lob sein,
einen neuen kunstgriff üb' ich leicht ein,
doch die regeln, die bestimm' ich allein,
denn auf einem kissen, unter uns zwei'n
    kenn' ich jede manier;
das eine kann ich euch prophezeih'n,
    der beste spieler bin ich hier!

gepriesen sei gott und sankt virgil,
gelernt ist gelernt bei diesem spiel;
hab' eine sichere hand, ein gutes ziel,
will eine es wissen, auch noch soviel,
    ist's ein vergnügen mir;
ich verhehle nichts, und ist sie dozil,
    still' ich jede gier.

qu'ieu ai nom maistre certa:
ja m'amigu' anueg no m'aura
que no·m vueill' aver l'endema;
qu'ieu soi be d'est mester, so·m va,
  tant ensenhatz
que be·n sai gazanhar mon pa
  en totz mercatz.

pero no m'auzes tan gaber
qu'ieu no fos rahuzatz l'autrer,
que jogav'a un joc grosser
que·m fo trop bos al cap primer
  tro fo entaulatz;
quan gardei, no m'ac plus mester,
  si·m fo camjatz.

mas ela·m dis un reprover:
don, vostre datz son menuder
et ieu revit vos a dobler!
fis·m ieu: qui·m dava Monpesler
  non er laisatz!
e levei un pauc son tauler
  ab ams mos bratz.

e quan l'aic levat lo tauler
  espeis los datz:
e·l dui foron cairat nualler,
  e·l tertz plombatz.

e fi·ls ben ferir al tauler,
  e fon jogatz.

man nennt mich unfehlbar und anderes viel;
war ich nachts bei einer geliebten viril,
komm' ich morgens nicht um ein neues spiel;
in dieser kunst pfleg' ich den besten stil,
 er gereicht mir zur zier;
auf jedem markte wär ich, so's mir gefiel,
 der prächtigste stier.

nun, ich will nicht prahlen, es stimmt ehrlich,
daß ich mir auch zuletzt keinen sieg erschlich;
das würfelspiel wurde hart, wenig zimperlich,
doch von anfang an ging der einsatz an mich,
 ohne daß ich hasardier';
und hätten auch die karten gewendet sich,
 ich siege bei jedem turnier!

ihr vorwurf war deshalb ärgerlich:
herr, eure würfel sind ja jämmerlich,
mit so kleinen macht ihr keinen stich!
doch sobald ich mir einen trumpf versprich,
 bin ich ganz kavalier:
meine hand sich unter's grüne tuch schlich,
 näher hin zu ihr.

und als ich hob das tuch so minniglich,
 würfelte ich vier:
drei waren gut, doch noch zu zögerlich,
 erst mit der falschen vier
 gab ich's ihr!

auf diesem tuche machte ich stich um stich,
 und noch lange würfelten wir.

V

farai chansoneta nueva,
ans que vent ni gel ni plueva:
ma dona m'assai' e·m prueva,
quossi de qual guiza l'am.
e ja, per plag que m'en mueva,
	no·m solvera de son liam.

qu'ans mi rent a lieis e·m liure,
qu'en sa carta·m pot escriure.
e no m'en tenguatz per iure,
s'ieu ma bona dompna am;
quar senes lieis non puesc viure,
	tant ai pres de s'amor gran fam.

que plus ez blanca qu'evori,
per qu'ieu autra non azori.
si·m breu no·n ai aiutori,
cum ma bona dompna m'am,
morrai, pel cap Sanh Gregori,
	si no·m baiz' en cambr' o sotz ram.

qual pro i auretz, dompna conja,
si vostr'amors mi deslonja?
par que·us vulhatz metre monja!
e sapchatz, quar tan vos am,
tem que la dolors me ponja,
	si no·m faitz dreg dels tortz q'ie·us clam.

qual pro i auretz s'ieu m'enclostre
e no·m retenetz per vostre?
totz lo jois del mon es nostre,
dompna, s'amdui nos amam.
lai al mieu amic Daurostre
	dic e man que chan e ... bram.

per aquesta fri e tremble,
quar de tam bon'amor l'am;
qu'anc no cug qu'en nasques semble
	en semblam del gran linh N'Adam.

V

ein neues liedchen will ich finden,
noch vor regen, eis und den winden;
meine dame prüft mich, um zu befinden,
ob ich sie denn auch wirklich liebe:
mag sie auch geifern und mich schinden,
     meiner herrin ich trotzdem erbötig bliebe.

ihr bleibe ich stets treu ergeben,
in ihr lehen kann sie mich erheben;
ich bin nicht trunken, doch mein streben
treibt der hunger nach meiner dame liebe,
denn ohne sie kann ich nicht leben,
     obwohl sie mir vom speck nur läßt die griebe.

weißer ist sie als weißes elfenbein,
darum begehr ich sie, nur sie allein;
kommt sie mich nicht bald befrei'n,
gibt sie sich nicht hin mir in liebe,
unter'm laubdach oder im kämmerlein,
     sankt gregor mich wohl dem tod verschriebe.

wo läge denn, edle dame, euer gewinn,
versagtet ihr mir eure liebe weiterhin:
nonne zu werden, ist das euer sinn?
wisset zu sterben fürcht' ich vor liebe,
bliebet ihr die unrechte richterin,
     die mir nur zugesteht schmerzhafte hiebe.

wo läge der gewinn, wenn euer günstling
ohne widerwort einfach ins kloster ging?
die lust der welt wird unser leibgeding,
meine dame, ist unser erst die liebe;
darum, freund *daurostre,* ich bitte, sing
     dies lied ohne zu brüllen, daß es beliebe.

für sie ich zitter', vor begier ich frier',
denn sie ist meines ganzen herzens liebe;
solch eine frau, so zumindest scheint's mir,
     gab es noch nie seit adams zeugungstriebe.

ab la dolchor del temps novel
foillo li bosc, e li aucel
chanton, chascus en lor lati,
segon lo vers del novel chan:
adonc esta ben c'om s'aisi
d'acho dont hom a plus talan.

de lai don plus m'es bon e bel
non vei mesager ni sagel,
per que mos cors non dorm ni ri
ni no m'aus traire adenan,
tro qu'eu sacha ben de la fi,
s'el'es aissi com eu deman.

la nostr'amor va enaissi
com la brancha de l'albespi,
qu'esta sobre l'arbr' en creman,
la nuoit, ab la ploi' ez al gel,
tro l'endeman, que·l sols s'espan
per la fueilla vert el ramel.

enquer me menbra d'un mati
que nos fezem de guerra fi
e que·m donet un don tan gran:
sa drudari' e son anel.
enquer me lais Dieus viure tan
qu'aia mas mans soz son mantel!

qu'eu non ai soing d'estraing lati
que·m parta de mon Bon Vezi;
qu'eu sai de paraulas com van,
ab un breu sermon que s'espel:
que tal se van d'amor gaban,
nos n'avem la pessa e·l coutel.

VI

mit der süße einer neuen jahreszeit
wird der wald für die blätter bereit,
und die vögel singen in ihrem latein
einen neuen vers, einen neuen gesang:
jeder gibt sich nun dem hin allein,
zu dem er spürt den höchsten drang.

kein brief, kein bote und kein geleit
kommt von dort, wo meine liebe weilt;
ich finde keinen schlaf mehr, nein,
ich wage keinen schritt, es ist mir bang
vor schierem zweifel, ob sie noch mein
oder ob dies meiner hoffnung abgesang.

so wird es wohl mit unserer liebe sein,
wie mit dem weißdornzweig im hain,
der bei regen und eis, nächtelang,
am strauch zittert vor einsamkeit,
bis der morgen findet zum anfang,
in der sonne, die ihn befreit!

der eine morgen fällt mir immer noch ein,
da alles versöhnung war und verzeih'n
und ich von ihr ring und liebe errang,
als geschenk und pfand der verbundenheit:
gott schenke mir leben, noch solang',
bis ich sie mit meinen händen entkleid'!

ich gebe nichts auf alles prophezei'n,
bon vezi, von dir kann mich nichts entzwei'n,
ich weiß, das gerede ist nur ohne belang,
kaum mehr als ein sprichwort der zeit:
laß andere die liebe rühmen im überschwang,
daß von ihr uns das brot und messer bleibt!

farai un vers, pos mi sonelh,
e·m vauc e m'estauc al solelh;
donnas i a de mal conselh,
 et sai dir cals:
cellas c'amor de chevaler
 tornon a mals.

donna non fai pechat mortau
que ama chevaler leau;
mas s'ama monge o clergau
 non a raizo:
per dreg la deuria hom cremar
 ab un tezo.

en alvernhe, part Lemozi,
m'en aniei totz sols a tapi:
trobei la moiller d'En Guari
 e d'En Bernart;
saluderon mi sinplamentz,
 per saint Launart.

La una·m diz en son lati:
o, Deus vos salf, don peleri!
mout mi senblatz de bel aizi,
 mon escient;
mas trop vezem anar pel mon
 de folla gent.

ar auziretz qu'ai respondut:
anc no li diz ni bat ni but,
ni fer ni fust no ai mentagut,
 mas sol aitan:
b a b a r i o l ,   b a b a r i o l ,
 b a b a r i a n !

sor, diz N'Agnes a N'Ermessen,
trobat avem que anam queren!
sor, per amor Deu l'alberguem,
 que ben es mutz,
e ja per lui nostre conselh
 non er saubutz.

ein lied will ich machen, da ich schläfrig bin,
ich sitz' in der sonne, gehe müd' her und hin,
damen gibt es, glaubt mir, von gar üblem sinn,
    ich sag' euch den grund:
eines ritters liebe treten mit füßen sie,
    ärger als einen hund.

eine dame begeht keine sünde wider die natur,
erhört sie eines treuen ritters liebesschwur,
doch ist sie eines mönches oder pfaffen hur',
    dann gnade ihr gott:
von rechtes wegen gehört sie dann
    auf ein schafott.

als pilger brach ich auf und peregrin,
in die *auvergne,* jenseits des *limousin*
und traf auf die gattin des *herrn garin*
    und die gattin des *herrn bernart;*
einen herzlichen gruß entboten mir beide,
    beim heiligen leonhart!

die eine bedeutschte mir in ihrem latein:
herr pilger, gott soll auf curen wegen sein!
ein hübscher bursche seid ihr, gar fein
    und anmutig anzusehen,
doch wir sahen schon zuviele narren
    durch diese welt gehen.

meine antwort, die sprach wohl für sich:
nicht muh noch mäh entgegnete ich,
weder hüh noch hott mir entwich,
    ich krähte nur wie ein hahn:
b a b a r i o l ,   b a b a r i o l ,
    b a b a r i a n !

schwester, sagte *frau agnes* zu *frau ermessen,*
gefunden ist's, wonach wir gesucht unterdessen,
schwester, laden wir ihn ein, zu bett und essen,
    denn er ist stumm,
und unser heimliches tun spricht sich durch ihn
    wohl nicht herum.

la una·m pres sotz son mantel
et mes m'en sa cambra, el fornel;
sapchatz qu'a mi fo bon e bel,
    e·l foc fo bos,
et eu calfei me volenter
    als gros carbos.

a manjar mi deron capos,
e sapchatz aig i mais de dos;
et no·i ac cog ni cogastros,
    mas sol nos tres;
e·l pans fo blancs e·l vins fo bos
    e·l pebr' espes.

sor, s'aquest hom es enginhos
e laissa lo parlar per nos,
nos aportem nostre gat ros
    de mantenet,
que·l fara parlar az estros,
    si de re·nz ment.

N'Agnes anet per l'enoios:
et fo granz, et ac loncz guinhos;
et eu, can lo vi entre nos,
    aig n'espavent,
qu'a pauc no·n perdei la valor
    e l'ardiment.

quant aguem begut e manjat,
e·m despoillei per lor grat;
detras m'aporteron lo chat
    mal e felon:
la una·l tira del costat
    tro al talon.

per la coa de mantenen
tir' el chat, el escoisen;
plajas mi feron mais de cen
    aquella ves;
mas eu no·m mogra ges enguers
    qui m'aucizes.

unter ihrem mantel nahm mich die eine mit
auf ihre kammer, wo wir dann saßen zu dritt;
wisset, daß ich's dort gut und gerne litt:
    der ofen wärmte mark und bein,
und mir gefiel es, so bei ihnen zu sitzen
    im heißen feuerschein.

sie trugen mir kapaune auf und roten wein,
langte ich nach, so schenkten sie mir ein,
und niemand war da, außer uns drei'n,
    kein koch, kein küchenjunge;
und das brot war weiß, schwer der wein,
    pfeffer brannte auf der zunge.

schwester, was, wenn er stumm ist zum schein,
schwester, was, wenn er uns betrügt obendrein?
rasch, holen wir unsere rote katze herein,
    bei ihr wird er farbe bekennen,
seine zunge sich lösen unter folter und pein,
    und wir ihn als heuchler erkennen!

frau agnes kam, der widerling hinterdrein,
fett, der schnurrbart lang, es war zum spei'n,
als ich ihn sitzen sah zwischen den zwei'n
    und einen heidenschreck bekam,
daß mich beinahe mein ganzer mut verließ,
    krumm und lendenlahm.

kaum war noch der letzte bissen gekaut,
zogen sie mich aus, nackt bis auf die haut;
hinter mir hör' ich schon, wie sie miaut,
    die gräßliche katze,
die sie mir vom schenkel zur sohle zogen,
    mit der kralligen tatze.

sie zogen sie beim schwanz, die rote katze,
ohne unterlaß, daß sie furchtbar kratze;
das biest schlug mir mit seiner pratze
    hundert wunden und mehr,
doch keine wimper sahen sie mich zucken,
    obwohl ich fast gestorben wär'.

sor, diz N'Agnes a N'Ermessen,
mutz es, que ben es conoissen.
sor, del bainh nos apaireillem
    e del sojorn.
ueit jorn ez ancar mais estei
    az aquel torn.

tant las fotei com auziretz:
cent et quatre-vinz et uiet vetz,
que a pauc no·i rompei mos corretz
    e mos arnes;
e no·us puesc dir los malavegz,
    tan gran m'en pres.

Monet, tu m'iras al mati,
mo vers portaras el borssi
dreg a la molher d'En Guari
    e d'En Bernat:
e diguas lor que per m'amor
    aucizo·l cat!

VIII

molt jauzens, mir prenc en amar
un joi don plus mi vueill aizir;
e pos en joi vueill revertir,
ben dei, si puesc, al meils anar,
qu'al meils or n'an, estiers cujar,
c'om puesca vezer ni auzir.

eu, so sabetz, no·m dei gabar
ni de grans laus no·m sai formir;
mas si anc negus jois poc florir,
aquest deu sobre totz granar
e part los autres esmerar,
si cum sol brus jorns esclarzir.

schwester, sagte *frau agnes* zu *frau ermessen,*
er ist wirklich stumm, trotz unserer finessen;
ein bad verlangten nun die beiden baronessen
    und ein wenig vergnügen;
ich blieb bei ihnen acht tage und mehr
    und lebte in vollen zügen.

ich vögelte sie so oft, wie ihr nun hört:
hundertachtundachzigmal, auf ehre geschwört,
und fast hätten sie meinen riemen zerstört
    und das geschirr damit;
doch nach der krankheit fragt mich nicht,
    an der ich dann heftig litt.

monet, *gen morgen mach' dich auf*
mit meinem lied in der tasche und lauf
zum herrn garin und darauf
    zu herrn bernart,
daß man mir zuliebe
    die katze verscharrt!

VIII

voll jauchzen mich die liebe lieben macht,
voll freude ich meinen tribut ihr entricht',
diese lust wird mir zur ersten pflicht,
daß sie vollkommen ist, trage ich acht,
bei meiner ehre und wider jeden verdacht,
was ich hör' erfüllt mich mit zuversicht.

ich war nie auf meinen guten ruf bedacht,
und weniger noch auf lobeshymnen erpicht,
doch wenn je eine blume blüte verspricht,
ist sie's, in der sich die lust entfacht,
und über allem erstrahl in aller pracht,
jäh wie die sonne, die durch wolken bricht.

anc mais no poc hom faissonar
cors, en voler ni en dezir
ni en pensar ni en consir;
aitals jois non pot par trobar,
e qui be·l volria lauzar
d'un an no·i poiri' avenir.

totz jois li deu humeliar
e tot' autr'amors obezir,
midons, per son bel acuillir
e per son bel douset esgar:
e deu hom mai cent tans durar
qui·l joi de s'amor pot sazir.

per son joi pot malaus sanar,
e per sa ira sas morir,
e savis hom enfolezir,
e belhs hom sa beutat mudar,
e·l plus cortes vilaneiar,
e·l totz vilas encortezir.

pus hom gensor no·n pot trobar,
ni huelhs vezer, ni boca dir,
a mos obs la vueill retenir,
per lo cor dedins refrescar
e per la carn renovelar,
que no puesca envellezir.

ren per autrui non l'aus mandar,
tal paor ai c'ades s'azir;
ni ieu mezeis, tan tem faillir,
non l'aus m'amor fort asemblar.
mas ela·m deu mon meils triar,
pos sap c'ab lieis ai a guerir.

bei ihr hat niemand niemals es vollbracht,
die gier stillt sich demütig und schlicht,
begierde und sehnsucht es an ihr gebricht;
solch eine freude hat noch keiner erdacht,
und hätte man ihr jahrelang lob dargebracht,
sie zu erringen, gelänge einem doch nicht.

vor meiner dame versinkt man ganz in andacht,
ein kniefall vor ihrer anmut, ihrem angesicht;
für ihre schönheit auf mein recht ich verzicht',
und verlier' vor ihren augen all meine macht;
doch besteh' ich ihrer liebe strenges gericht,
wird mein leben von ihr wohl verhundertfacht.

ihr zorn auch gesunde um das leben bracht',
ihre liebe aber heilt krankheit und gicht,
dem heiligen zieht sie ein narrengesicht,
der schönling wird häßlich und ungeschlacht,
der höfling gemein und voller niedertracht,
zu einem edelmann aber der niederste wicht.

ohne makel und fehl, wenn ich sie betracht',
wird kein bild ihr gerecht und kein gedicht,
nur sie allein hält mich im gleichgewicht,
daß mir herz und leib auf's neue erwacht
und das alter verliert seine despotenmacht:
sie einem anderen lassen war nie die absicht!

so send' ich ihr heut' keinen boten zur nacht,
kann sein, sie kränkt ein brief, eine nachricht,
besser ist's, ich bin still, schon aus vorsicht,
ein wort jetzt, eine geste, wär' nur unbedacht:
mein schicksal liegt ganz allein in ihrer macht,
sie weiß es, nur sie verleiht allem gewicht!

farai un vers de dreit nien:
non er de mi ni d'autra gen,
non er d'amor ni de joven,
    ni de ren au,
qu'enans fo trobatz en durmen
    sus un chivau.

no sai en qual hora·m fui natz,
no soi alegres ni iratz,
no soi estranhs ni soi privatz,
    ni no·n puesc au,
qu'enaisi fui de nueitz fadatz
    sobr'un pueg au.

no sai cora·m fui endormitz,
ni cora·m veill, s'om no m'o ditz;
per pauc no m'es lo cor partitz
    d'un dol corau;
e no m'o pretz una fromitz,
    per saint Marsau!

malautz soi e cre mi morir;
e re no sai mas quan n'aug dir.
metge querrai al mieu albir,
    e no·m sai tau;
bos metges er, si·m pot guerir,
    mor non, si amau.

amigu' ai ieu, non sai qui s'es:
c'anc non la vi, si m'aiut fes;
ni·m fes que·m plassa ni que·m pes,
    ni no m'en cau:
c'anc non ac Norman ni Franses
    dins mon ostau.

anc non la vi et am la fort;
anc no n'aic dreit ni no·m fes tort;
quan no la vei, be m'en deport;
    no·m prez un jau:
qu'ie·n sai gensor e belazor,
    e que mais vau.

ein lied will ich machen, rein aus nichts,
nicht von mir noch von anderen spricht's,
nicht von der liebe noch der jugend bericht's,
    solange es währt,
denn ich fand die verse dieses gedichts
    im schlafe, auf einem pferd.

ich weiß nicht, unter welchem stern ich geboren,
nicht, ob ich zur lust oder zum leid auserkoren,
nicht, ob ich von hier oder fremd und verloren
    noch nützt's, wenn man sich wehrt;
auf einem berg hat sich die nacht mir verschworen
    und dies los mir beschert.

ich weiß nicht, wann ich eingeschlafen bin,
noch wann ich wache, nichts ergibt einen sinn;
fehlte nicht viel, und auch mein herz wär' dahin,
    vor schmerz, der sich verzehrt,
doch bei sankt martial, ich kann nicht umhin,
    keine maus ist es mir wert!

krank bin ich und zitt're vor dem tod,
nichts weiß ich, außer was er anderen bot,
einen arzt werd' ich wohl rufen zur not –
    nicht, daß einer mich schert;
kann er mich heilen, verdient er sein brot,
    wenn nicht, war's eben verkehrt.

eine geliebte hab' ich und kenne sie nicht,
bei meiner treu, ich sah noch nie ihr gesicht;
sie tat nichts, was mich abstößt oder besticht,
    nicht, daß es mich kehrt,
auf franken und normannen war ich nie erpicht,
    daheim man sie gerne entbehrt.

ich sah sie noch nie und lieb' sie doch sehr,
weder wohl noch weh tat sie mir je bisher,
was mir mehr trost ist als bitt're beschwer;
    keinen hahn ist es mir wert,
denn ich weiß eine and're, die schön ist und hehr
    und die mich begehrt.

fait ai lo vers, no sai de cui;
et trametrai lo a celui
que lo·m trametra per autrui
    enves Peitau,
que·m tramezes del sieu estui
    la contraclau.

das lied hab' ich gemacht, weiß nicht über wen,
statt mir wird ein bote nach poitiers *nun geh'n*
und es der singen, die es erst kann versteh'n
     und die es ehrt;
im etui wird sie nach dem nachschlüssel seh'n,
     daß der es mich lehrt.

pos vezem de novel florir
pratz, e vergiers reverdezir,
rius e fontanas esclarzir
auras e vens,
ben deu chascus lo joi jauzir
don es jauzens.

d'amor no dei dire mas be.
quar no·n ai ni petit ni re?
quar ben leu plus no m'en cove!
pero leumens
dona gran joi qui be·n mante
los aizimens.

a totz jorns m'es pres enaisi
c'anc d'aquo c'amiei no·m jauzi,
ni o farai, ni anc non o fi;
c'az essiens
fauc, maintas ves que·l cor me ditz:
tot es niens.

per tal n'ai meins de bon saber
quar vueill so que non puesc aver.
e si·l reprovers me ditz ver:
certanamens
a bon coratge bon poder,
qui·s ben sufrens.

ja no sera nuils hom ben fis
contr'amor, si non l'es aclis,
et als estranhs et als vezis
non es consens,
et a totz sels d'aicels aizis
obediens.

obediensa deu portar
a maintas gens, qui vol amar;
e cove li que sapcha far
faitz avinens
e que·s gart en cort de parlar
vilanamens.

von neuem sehen wir nun alles blüh'n,
die weiden und wiesen in ihrem grün,
die bäche und quellen und die früh'n
    wind sind klar;
so soll sich jeder um die lust bemüh'n,
    die er verlor, letztes jahr.

ich kann nur gutes von der liebe sagen,
ich spür' sie nicht, wozu dann klagen?
ich könnt' sie ohnedies nicht ertragen,
    obzwar
sie dem schenkt lust und behagen,
    der ihr treu war.

von je war dies schon mein schicksal,
die liebe ließ mir keine andere wahl,
so war's, so wird's sein, jedesmal,
    unwandelbar;
die liebe wird mir im herzen schal,
    da alles stets nichts war.

andere überschüttet sie mit ihren gaben,
doch was ich will, kann ich nie haben;
das sprichwort stimmt, auf den buchstaben
    ist es wahr:
nur wer sich geduldig kann gehaben,
    wird des glückes nachbar.

ergeben ist wohl keiner ganz der liebe,
der sich nicht von herzen ihr verschriebe,
den sie nicht von freund und feinden triebe,
    der nicht dankbar
ihren launen und kapriçen erbötig bliebe
    und ihrer dienerschar.

demütig und unterwürfig muß er sie hofieren,
will er nicht plötzlich ihre gunst verlieren,
hochmut und stolz wird ihn nur verunzieren,
    das wäre tadelbar;
und vergißt er auf seine höfischen manieren,
    läuft er ihrer gefahr.

del vers vos dic que mais ne vau
qui be l'enten, e n'a plus lau:
que·ls motz son faitz tug per egau
    comunalmens,
e·l son, et ieu meteus m'en lau,
    bo·s e valens.

a Narbona, mas ieu no·i vau,
    sia·l prezens
mos vers, e vueill que d'aquest lau
    me sia guirens

mon Esteve, mas ieu no·i vau,
    sia·l prezens
mos vers, e vueill que d'aquest lau
    me sia guirens.

XI

pos de chantar m'es pres talenz,
farai un vers, don sui dolenz:
mais non serai obedienz
en Peitau ni en Lemozi.

qu'era m'en irai en eisil;
en gran paor, en gran peril,
en guerra laisserai mon fil;
faran li mal siei vezi.

la departirs m'es aitan greus
del seignorage de Peiteus!
en garda lais Folcon d'Angeus
tota la tera son cozi.

si Folcos d'Angeus no·l socor,
e·l reis de cui ieu tenc m'onor,
faran li mal tut li plusor,
felon Gascon et Angevi.

dieses lied sollte als beweis genügen,
dem dient es, der es lernt mit vergnügen;
denn jedes wort muß sich der regel fügen,
    so wird sogar
die melodie, ohne allzusehr zu lügen,
    schön und rar.

für narbonne *muß es genügen,*
    obwohl ich nie dort war;
daß man ihr es biete zum vergnügen
    und mir zum lobe dar.

für estève *muß es genügen,*
    obwohl ich nie bei ihm war;
daß man ihm es biete zum vergnügen
    und mir zum lobe dar.

XI

zu singen überkommt mich nun die lust,
ein lied über den schmerz in meiner brust:
poitiers und der *limousin* wird mir bewußt;
ich kann ihnen nicht mehr zu diensten sein.

morgen muß ich in die verbannung gehen,
in furcht und gefahr werde ich stehen,
meinen sohn zurücklassen und das lehen,
seine nachbarn wohl in der feinde reih'n.

der abschied tut mir auf's bitterste weh
von meiner herrschaft über poitiers;
die obhut lass' ich *foulque d'angers*
über das land seines vetters allein.

hilft ihm *foulque d'angers* nicht beizeit,
auch nicht der könig mit seinem geleit,
kommt es mit der *gascogne* zum streit,
wird auch die *auvergne* ihn kastei'n.

si ben non es savis ni pros,
cant ieu serai partitz de vos,
vias l'auran tornat en jos,
car lo veiran jove mesqui.

per merce prec mon conpaignon:
s'anc li fi tort, qu'il m'o perdon;
et il prec En Jezu del tron
en romans et en son lati.

de proeza et de joi fui,
mais ara partem ambedui;
et ieu irai m'en a Cellui
on tut peccador troban fi.

mout ai estat cuendes e gais,
mas Nostre Seigner no·l vol mais:
ar non puesc plus soffrir lo fais,
tant soi aprochatz de la fi.

tot ai guerpit cant amar sueill:
cavaleria et orgueill;
e pos Dieu platz, tot o acueil,
e prec Li que·m reteng' am Si.

toz mos amics prec a la mort,
que·i vengan tut e m'onren fort;
qu'ieu ai agut joi e deport
loing e pres et e mon aizi.

aissi guerpisc joi e deport,
e vair e gris e sembeli.

beweist er nicht klugheit und seinen mut,
wenn alles fern von mir, ohne mich ruht,
wird sie ihn stürzen, die schäbige brut,
denn er ist zu jung für diesen verein.

gefährte, ich bitte, erbarme dich meiner,
geschah dir auch unrecht, es wollt' keiner,
und gott im himmel erbarme sich deiner,
sei dein gebet provençal oder latein.

der lust und den waffen war ich geneigt,
doch der weg sich nun vor uns verzweigt;
jenen werde ich wählen, den gott mir zeigt,
der mich zum frieden führt statt zur pein.

die freuden des fleisches liebte ich sehr,
doch unser herr gott will's nimmermehr;
die irdische last wiegt mir nun zu schwer,
so nahe bin ich dem tod und seinem gebein.

so lasse ich hinter mi denn alles zurück,
das rittertum, den stolz, mein ganzes glück,
für unseren gott ich von dieser welt abrück',
ich bin sicher, er kann mir verzeih'n.

freund und feind bitt' ich bei meinem tod
mich zu ehren mit einem großen aufgebot,
denn freude und kurzweil, das war mein brot,
und unterhaltung schon immer mein wein.

so lass' ich denn freude und lust in der not
wie fehwerk und grauwerk und den zobel sein.

das letzte lied erlangte einige berühmtheit und wurde noch im
14. jahrhundert im agnesspiel gesungen; einige noten sind im
manuskript erhalten – hier eine transkription:

Pos de chan-tar m'es pres ta - lens,

Fa - rai un vers don sui do - lens

ANMERKUNGEN

III – *confolens* und *nieuil* sind zwei orte in guihelms herrschaftsbereich, 22 kilometer voneinander entfernt, im departement charente. die letzte strophe des liedes, welche die handschrift überliefert, scheint apokryph zu sein, da die pointe deutlich unterlaufen wird.

IV – *sankt virgil* ist im original *sankt julian*, der im limousin und der auvergne verehrte schutzpatron der kranken, lahmen und blinden.

V – *sankt gregor vii. (1020 – 1085),* papst, der sich um die einführung des zölibats verdient machte.

VI – *so wird es mit unserer liebe sein etc.,* vgl. dante, inferno, ii, v. 127 ff.: quali i fioretti dal notturno gelo · chinati e chiusi, poiché il sol gl'imbianca · si drizzan tutti aperti in loro stelo
bon vezi, ein deckname, senhal, der geliebten; ‚guter nachbar'.

VII – *sankt leonhard,* eremit des sechsten jahrhunderts im limousin; schutzpatron der taubstummen, hinkenden, irren und vom teufel besessenen; es gab eine abtei gleichen namens, die sich durch ihre dichtungen auszeichnete.
babariol etc., in einigen handschriften auch *tarrababart, marrababelio riben, saramhart,* scheint arabischen ursprungs zu sein. das motiv des taubstummen taucht bei boccaccio wieder auf (decamerone, iii, 1).

IX – *sankt martial,* einer der legendären 72 jünger jesu', der apostel aquitaniens und erster bischof von limoges, wo 848 die abtei gleichen namens gegründet worden war, die wegen ihrer hymnendichtung einen guten ruf besaß.

X – in der *tornada,* dem geleit, weist dietmar rieger ein weiteres wortspiel nach: *A NAR BON A*
                                              MO NES TEV EN
kann man als *am on arnes bo ten aven* lesen, d.h. ich liebe dort, wo ich einen guten harnisch umsonst besitze, bzw. wo ich einen guten harnisch für wertlos halte (vgl. VII, vorletzte strophe).
narbonne, eine stadt im languedoc.

XI – *foulque d'angers,* foulque v. von anjou (1106 – 1142), der sieben jahre ältere cousin von guihelms sohn, den dieser in obhut nahm, während er höchstwahrscheinlich auf pilgerfahrt nach santiago de compostella zog.
könig, ludwig iv., könig von frankreich (1108 – 1137).

dem provençalischen text liegt die ausgabe von nicolò pasero, modena, 1972, zugrunde.

Guihelm ix. ist nicht nur der erste trobador, von dem wir wissen, sondern auch der erste dichter in einer modernen europäischen sprache – und dabei einer der besten. das soll jedoch nicht heißen, daß das repertoire der elf erhaltenen lieder zur gänze sein eigenes zu nennen wäre; es ist wert, einen einblick in die wurzeln zu geben.

Guihelms sprache, die lengua romana, ist eine junge – das okzitanische, eine gallo-romanische kunstsprache, eine literarische koine, die aus den dialekten des limousin, dem poitevinischen oder der langue d'oc hervorging (die hypothesen bestehen). sie überbrückt die regionalen unterschiede und löst darin, weniger politisch als kulturell bedingt, das latein ab; in ihrem meridionalen charakter wird sie auch verbindlich für die katalanische, portugiesisch-galizische, die sizilianische und oberitalienische dichtung – wo dante dieser sprache noch seinen tribut zollt, die ihm fast schon wieder genauso fremd wie guihelm ist, der sich ihrer erstmals bewußt für die poesie bedient.

Eigenständige lyrik findet sich vor guihelm in anderen kulturkreisen und -schichten; obwohl der beleg eines direkten einflusses immer noch eine streitfrage ist, lassen sich doch parallelen aufzeigen.

*

Zur einen: die arabische dichtung, mit ihrer formalen brillanz, ihrem wortwitz und ihrer formenakrobatik, in ihrer zum reim prädestinierten sprache. die arabische höfische dichtung steht zu guihelms zeit bereits auf dem höhepunkt; sie weist bereits alle merkmale des trobadoresken konzeptes der „minne" auf; die sinnliche frauenverehrung, die unerfüllte sehnsucht bleibt, die „odhritische liebe" (nach den *banou al 'odrah,* den „söhnen der jungfräulichkeit", die bereits im bagdad des 9. jahrhunderts besungen wurden). die dichtung der mauren in andalusien ist ein vollkommenes abbild jener tradition, deren ethik uns der minnesang vermittelt: so erschien etwa 1022 ibn hazams *collier de colombe,* eine liebesschule, wie man sie später noch oft aufgreift. zu dieser zeit der *reyes de taifas,* der rivalisierenden kleinen königreiche im muselmanischen spanien, finden sich auch die ersten vorläufer guihelms, wie etwa almu'tamid, der prinz von sevilla (1040 – 1095), oder ibn sara de santarem (1095 – 1123), die den typus eines kultivierten feudalherrschers verkörpern; eine mögliche etymologie des wortes trobador könnte dabei auch die arabische wurzel *taraba,* singen, sein.

Ihre *muwassah* und *zagal* genannten gedichte bauen auf der melodie auf, die aus dem rhythmus der worte heraus entsteht und dem überraschenden refrain; ihre bilder erhalten ihre einheit erst durch das band des reimes, das alle strophen gleichmäßig durchläuft, und kreisen um einen kernsatz, eine moral, eine wiederkehrende aphoristische phrase, der *cobla* der trobadors.

Letztlich aber sind auch diese poetik und ihre inhalte auf ovid und plato zurückzuführen, auf die dichtung der griechen, die syrische übersetzer dem arabischen raum zugänglich machten. das wissen um die arabisch-andalusische, die mozarabische dichtung ist den trobadors mit keinem dokument zu beweisen; doch gerade für guihelm scheint eine nähe mehr als wahrscheinlich. im zuge der reconquista, an der sich schon guihelms vater beteiligte, scheint ein näherer kontakt ebenso denkbar (so schreibt der trobador ramon vidal über spanien, wo *alle leute, christen, juden und sarazenen den ganzen tag mit dichten und singen verbringen*) wie durch das gefolge seiner zweiten frau, die in diesem kulturkreis länger lebte – und nicht zuletzt auch durch den kreuzzug, währenddessen er gelegenheit hatte, mit den verfeinerten sitten der byzantinischen höfe vertraut zu werden, denen gegenüber der rauhe ton in poitiers sicherlich abstach.

*

Sicherlich aber gab es im provençalischen raum eine, wenn auch nicht schriftlich überlieferte, volkstümliche tradition der dichtung, wie sie in der französischen dichtung des 15. jahrhunderts wieder aufscheint. verkörpert wurde sie von den umherziehenden spielleuten, marionettenspielern und anderen mimen im gefolge der höfe, die wiederum wahrscheinlich engen kontakt mit dem andalusischen raum hatten. jedenfalls ist die spielmannsdichtung mit ihrem reservoir an balladen und liedern, ihrer betonung des vortrags und der griffigen anekdote, ihrer musikalischen komponente in den frühen liedern guihelms spürbar, denen man das lachen aus voller kehle glaubt.

Ein weiterer bestimmender einfluß liegt bei der mittellateinischen dichtung der vaganten und goliarden, der schule von angers – marbode (1037 – 1123), hildebert von lavardin (1056 – 1133), baudry von bourgeuil (1046 – 1130) – der abtei von saint-leonhard und besonders der von saint-martial in limoges, der er selbst vorstand. letztere war berühmt für ihre mehrstimmige tropendichtung (etymologisch leitet sich der trobador von *trobar,* finden, ab, das wiederum vom lateinischen *tropare,* texte, tropen zu melodien erfinden, kommt). unter tropen verstand man im 10. jahrhundert texterweiterungen, die zur melodie zwischen zwei langgezogene silben eingeschoben wurden, melismen, die man später auch frei komponierte. sie weisen formen auf, die auch guihelm gerne benützt: syllabischer vers, reim, die *aaabab*-struktur der strophe (eine neuerung im vergleich zum *aaa* des conductus, ein schema, auf das auch die spielleute zurückgriffen und das die ersten lieder guihelms kennzeichnet).

Auch diese mittellateinische dichtung konnte auf eine lange tradition zurückblicken: ovid vor allem, die quästionenliteratur der karolingerzeit, den römischen epigrammatiker martial oder venantius fortunatus von ravenna im 6. jahrhundert etwa, dessen gedichte an die äbtissin radegonde von saint-croix in poitiers ein klerikales gegenstück einer *ars amandi* darstellen – und zu guihelms zeit durchaus bekannt waren. ähnliches gilt auch für die platonischen liebesdichtungen in den briefen des saint-pierre damien, zu dessen ordensschwestern zwei tanten guihelms gehörten. seine aversion gegen die kirche mag sprichwörtlich sein, durch seine erziehung und als landesherr wußte er aber sicher genauestens über diese, damals prägende kultur bescheid.

Mehr als einen konkreten anlaß zur auseinandersetzung mit ihr boten nicht nur seine eskapaden, sondern auch der große erfolg der predigten robert d'arbrissels († 1117). dessen suaden gegen die perversität der welt voll lüge, mord, ehebruch, scheinheiligkeit und wollust stellten ihr ein asketisches, spirituelles leben gegenüber; sie waren vor allem an die frauen des adels gerichtet, die ihm in scharen zuzulaufen begannen – darunter nicht nur die berüchtigte geliebte des französischen königs, die guihelm einst verteidigt hatte, sondern auch seine erste frau, seine zweite frau mit seiner tochter und zuletzt auch noch seine langjährige geliebte, *la dangerosa.* sie alle fanden sich, angezogen vom propagierten ideal der keuschen gottesmutter, der hehren *domna,* im 1101 von d'arbrissel gegründeten kloster von fontevrault, einem gemischten konvent, dem eine äbtissin vorstand.

Die spitzen in guihelms gedichten gegen den klerus sind deutlich und pointiert; aus diesem konflikt heraus entsteht jedoch bei guihelm der ansatz zu einem weltlichen idealbild der frau in den subtiler werdenden liedern, deren zynischer ton sich zunehmend in den hintergrund stellt. er kehrt gegen den asketischen mystizismus d'abrissels eine mondänere würdigung der frau heraus, die das sinnliche, die schönheit und die sehnsucht zu einem höfischen kodex werden lassen wird, der sich an der profanen liebe, der hingabe an sie profiliert und der sakralen ethik einen eigenständigen profanen kodex des höfischen entgegensetzt.

Der ursprung dieser ideen ist ein produkt der epoche, zu dem das christentum, das rittertum, die antike und arabische tradition und die trobadors selbst ihren betrag leisten. guihelms verdienst liegt jedoch darin, die poesie aus dem geistlichen rahmen und seinem festgelegten sinn gelöst und ihr zu einer ausdrucksstarken, vor allem individuellen stimme verholfen zu haben.

*

Man mag die derberen lieder gegen die eher höfischen inhaltes gewichten, wie man will, die symbolische wahl des ersten gedichtes fällt dabei sicherlich auf das *lied aus reinem nichts.* die negative theologie unter dem zeichen des paradoxen, des rätsels, der melancholischen stimmung verrät neue existentielle zweifel; ihre scharfzüngige ironie, die selbstbehauptung einer neuen, subjektiven lyrik, die noch nach einem ort für ihre worte sucht – das macht die nicht allein chronologische modernität guihelms aus.

Die formale sicherheit, mit der er diese zwiespältigkeit in szene setzt, ist ebenso erstaunlich, wie sie den späteren trobadors vorausgreift. die sprache ist konzis, präzis, lebendig; die metrische perfektion, die musikalische sequenz im korsett des reims vermitteln bereits zwischem dem *trobar clus* – dem hermetisch dunklen – und dem *trobar ric* – dem klangvoll instrumentierten dichten. die innere symmetrie des *vers* kompensiert dabei die sinnkrise in dem maße, wie sie *joi* und *amor* als leitmotive einer sich von der kirche emanzipierenden, feudalen ethik herauskristallisiert: das vokabular von treue und untreue, die bitte um gnade, die begriffe von recht und unrecht, die unterwerfung, die ergebenheit, der mut, die kultiviertheit, die manieren. das feudalsystem erhält eine es transzendierende dimension, die in der frau zum ausdruck kommt; gleichzeitig aber schält guihelm die gespaltenheit des „alles ist nichts", zwischen dem *carpe diem* und der *vanitas vanitatum* in sprachlich und formal gewandten antithesen heraus.

Dabei kommt eine der wurzeln der poesie überhaupt zum vorschein: ihre legitimation in der sprache, aus der ihr innewohnenden struktur selbst heraus, in der der *vers* erst zur sprache und schließlich zur schrift findet. das wort, der buchstabe erhalten ihren sinn durch ihren gematrischen zahlenwert, ihre materialität, die zum symbol der emanation gottes wird. diese hypogrammatische struktur gibt einen raster vor, der mathematisch kalkulierbar ist und erst dann zum spielfeld der imagination wird; sie ist handwerklicher qualitätsmaßstab neben dem des vortrags und der selbst komponierten melodie; sie ist das wasserzeichen eines polierten verses in der werkstatt der poesie, wie es guihelm ausdrückt. der code des gedichtes verspricht wie die höfische po-ethik bedeutung in sich selbst und kann dadurch sich gegen eine rein sakrale thematik abgrenzen und das individuelle manifestieren.

Für den *vers de dreit nien* ist diese struktur von dietmar rieger (heidelberger sitzungsberichte 1975) deutlich herausgearbeitet worden. sie macht das lied zu einem *devinalh*, einem rätselgedicht, das den schlüssel zu seiner lösung im text selbst birgt. ausgehend von der symmetrie der initialen am beginn jeder strophe und ihrem maßgeblichen zahlenwert im 22-stelligen lateinischen alphabet wird die häufung der zahl 7 erkennbar – die für die initiale des namens *guihelm* steht.

Die vier eigennamen im lied – *marsau, norman, frances, anjau* – die kalkuliert, aber scheinbar unmotiviert im lied verteilt sind, ergeben zusammengenommen die lesart *mar saus no reman francx e sans jaus:* aber die edle und reine freude bleibt nicht unversehrt bzw. die unversehrte, edle und reine freude bleibt nicht. das pendant zu diesem bestimmenden topos der trobadorlyrik erschließen die antithesen der ersten beiden strophen: *mi autra gen / amor joven* ergeben durch ihren gematrischen wert die sentenz *negar amor tua jovimen* – die sinnliche liebe, den sexuellen liebesgenuß verwehren, bringt die freude zum erlöschen.

Über den häufig vorkommenden zahlenwert 29, der mit guihelms geburtsjahr 71 zusammen 100 und abgerechnet die 42 zeilen des liedes ergibt, erhält man zur bestätigung dieser lesart das akrostichon *guillem ac ben condat* – guihelm hat gut gerechnet. Die zahl 29 öffnet aber auch einen zugang zur eigentlichen thematik des liedes in bezug auf die damals weit verbreitete astrologie: guihelm ist an einem samstag, am 29. tag des 7. tierkreiszeichens geboren, im zeichen der waage, unter dem einfluß saturns – was das damit vorgeschriebene melancholische temperament, das weder-noch des tagtraums, das schwanken zwischen zwei liebeskonzeptionen auf einen persönlichen nenner bringt. und diesem raster ordnen sich auch die sexuellen untertöne, die leichte bitterkeit und die ironische geste unter.

*

Guihelm war ein mäzen und freund des jüngeren eble ii., herr von ventadour (1096-1147), dessen lieder er sehr schätzte, von denen uns aber keines erhalten ist. wahrscheinlich ist auch, daß cercamon und dessen lehrer marcabru unter den zuhörern guihelms saßen, sodaß bernart de ventadour, einer der berühmtesten seiner zunft überhaupt, von einer *escola n'eblo* reden konnte – dem kern einer sich ausbreitenden neuen poetik, die sich zunehmend verfeinert, bis sie künstlich wird und über der *fin'amor* verfällt.

Der selten originelle und temperamentvolle deutsche minnesang, der seine muster letztlich von guihelm bezieht, vermittelte in unserem raum die ethik der trobadors. von der originalität guihelms sind dabei aber weniger die ersten minnesänger wie der kürenberger oder heinrich iv. (1165 – 1197), sondern erst wieder seine letzten exponenten, oswald von wolkenstein und neidhart von reuental.

Sie verkörpern wie der archipoetus, villon, cecco angiolieri, hofmannswaldau, c. m. bellman, um nur einige zu nennen, eine verschüttete literaturtradition, die zuallererst das leben betont und dabei aus einem vollen faß schöpft; ganze kerle eben, keine wachsfiguren, speichellecker, winkeladvokaten, versicherungsvertreter, parvenüs, hosenscheißer, musterschüler, hofräte, wetterfahnen, schrebergärtner und abstauber, von denen das literaturkabinett sonst ja zur genüge hat.

santiago do cacém, juli 91

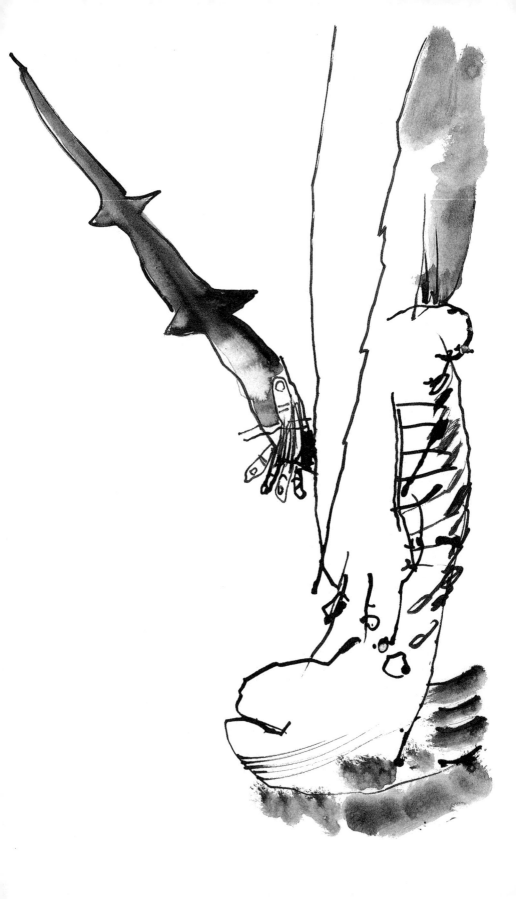

aber erst *pytheas von massilia* entdeckte, daß der wahre nördliche pol des himmels in der mitte eines imaginären quadrates zwischen dem drachen und dem kleinen bären lag, also leer ist. doch das war, als sie mich bereits verlassen hatte.

IX – im *salone dell'atlante*, folianten, römische kopien, der mittag diagonal zum raum, über den stempel der karte im schaukasten gebeugt, hast du mir's gesagt. und daß die menschliche geschichte eine andere ist als die der erde und sich an einem meridian durch die nacht ablesen ließe.

X – das notizbuch verzeichnet das originalzitat: *il rossore mitico è il traditore del peccato,* der unterschied jedoch würde zu weit führen, meinte andreas.
für den zweiten teil des gedichts enthält das notizbuch unter diesem datum – dem 14.4.91 – keine eintragung; die rede ist allein von den tagelangen stürmen, nicht auslaufenden schiffen und den seine struppigen haare zu recht bürstenden himmel. wenige seiten danach findet sich jedoch dieser aufschlußreiche, aber kaum mehr entzifferbare entwurf: *und halten · werd ich es dein herz aus papier · und es verraten für die kupfermünze des mondes · das falschgeld der sterne in der westentasche der nacht · und zwischen deinen schenkeln ist niemals halt genug · für diese bittre einsamkeit · die sie allein mich nur begehren lehrt*

XI – der zeitungsausriß mit dem datum 24.4.91, die erste ausgabe frühmorgens, bevor die fischhändler ihre stände aufbauen und der blumenmarkt im graben des castel nuovo sich wieder auflöst, mimosen, glyzinien und bougainville um diese jahreszeit.

XII – *die idee des palimpsestes:* es war sisyphos, der als erster die kunst der buchstaben beherrschte. ich bin mir sicher, du hast im schlaf geredet, namen aus dem ptolemäischen katalog, corona borealis und hercules.
der telegraphenmast schnitt rhomben in das campariorange des himmels, später dann der große wagen, der vom dach des nachbarhauses rollte und mit der deichsel hängen blieb ... und die liebe ist ein gelbes pferd, schindmähre, ackergaul, maulesel, und das in diesem land, wo wir nach fischen und früchten heißen.

XIII – ein falsches dutzend und epilog wie zu guihelms liedern, weiter zurück noch zum anfang unserer poesie, den griechen, die auch er nur mehr aus zweiter hand verstand; wie auch immer, welch besseren *senhal* finden als *danaë,* der mond selbdritt des mythos, die mit ihm identifizierten göttinnen, *d.,* deren name mit *danos,* gabe, in verbindung gebracht wird: trivium und etymologie der liebe, ihre valenzgrammatik und ich, der immer noch keine beistriche setzen kann. aber das schreibe ich an einem anderen tisch, ·

auf procida, im juni 91

NOTIZEN

I   - so fiel der abend, rücken an rücken, der corot war natürlich nur ein billiger nachdruck und wenn es geregnet hatte, war das licht so naß, daß der fensterflügel des zimmers nebenan wie blattgold glänzte, im februar 90.

II   - als hätte ich es schon einmal geschrieben, das manuskript mit bemerkungen ihrer hand versehen, drunter, drüber und die hälfte wieder ausgestrichen: das caffè war gerade renoviert worden, grüne wandschirme, um den noch nicht erneuerten verputz zu verdecken, und der narr über unseren köpfen nahm alles auf seine kappe.

III   - spätherbst in neapel und unerträglich kalt; du sagtest, schreib: ins gästebuch; viel fiel mir nicht ein, ein pasticcio, aber sie ließ mich's nachschlagen: *la grande babilonia della notte sonnambula.* die sprache war eben noch zu lernen, ich hielt ja *pulcino* erst für ein hündchen.

IV   - in tunis, als bub, hatte ich oft mandarinenschalen aufs fensterbrett gelegt, bis sie staubtrocken waren und ich sie, zwischen den fingern verrieben, ins sonnenlicht blies, talmi und lametta ...

V   - im hotel juggurtha, gafsa, einem **** hotel vor zwanzig jahren, waren wir jetzt, nach weihnachten, die einzigen gäste; abendessen im riesengroßen speisesaal, draußen das kaputte schwimmbecken mit den verrottenden liegestühlen und das fast noch intakte teakholz-interieur des zimmers. du lachtest, der mund rot wie ein granatapfel.

VI   - es dauerte, bis wir die post nachgesandt bekamen; der playboy hatte einige madrigale abgedruckt, und ich fand sie, belegexemplar in der hand, wie sie sich mokierte und mir mehr war, als sie je sein wollte.

VII   - ihr körper ist frisch, biegsam, voller leben, ich habe nie einen anziehenderen gesehen; sie hat talent und schönheit, herz und sinn. wahr ist, daß sie einmal die unverschämtheit hatte, mich bei günstiger gelegenheit an jenen ort zu geleiten, wo sie sich entkleidet und ihr arm eine schlinge war, die sich um meinen hals legte, mir, dem von ventadorn.

VIII - es war *eudoxus von knidos,* der berechnete, daß der antarktische kreis der sterne durch cadiz und rhodos geht, weil sich auf ihrer breite canopus, das ruder im sternbild der *argo* (und der name unseres schiffes), knapp über dem horizont zeigt.

χαρίεν γὰρ ἅμα ταῖς ἡδοναῖς συνεκλιπεῖν τὰς ἐπιθυμίας,
ἃς μήτε ἄνδρα φησὶν 'Αλκαῖος διαφυγεῖν μήτε γυναῖκα

angenehm ist es, daß zugleich mit der lust auch die begierden
aufhören, denen, wie alkaios sagt, weder mann noch frau ent-
fliehen kann.   plut. de divit. am. 5

gekommen ist sie die schwalbe
sie bringt wie die stunden das jahr
auf ihrem weißen bauch ihrem
schwarzen rücken sie bringt uns die
früchte einen korb voll käse
die artischocken stehen in blüte jetzt
sind die frauen voller lust
männer schwach der hundsstern brennt
ihre köpfe ihre lenden aus &
die zikade mit ihrem blutlosen fleisch
schlägt ein endlos klares lied
aus ihren flügeln das taglicht hat nur
noch einen finger werden wir
das talglicht noch sehen das uns zum
schlaf ruft misch einen becher
wasser mit zweien wein laß uns trinken
zugleich bis zur stunde der
nachtwache schlaf von den blättern
tropft als ob es morgen wär &
wir unter den tamarisken am meer mit
starren gliedern für die zikade
im gebüsch die schwalbe im gehölz ist
es dasselbe grab sterb ich
diese nacht *lineodeousa danaë danaë*
lasse ich dir die werkzeuge
meiner hand die haken die geflochtne
reuse zwei ruder ein bett aus stroh

die eselshaut des himmels an den
schabestellen scheint die sonne
durch der fadenscheinige ärmel
des obstpflückers der bei jedem
griff ihm bis an die ellenbogen
rutscht seine frau läßt die knaben
ins haus schläft mit ihnen nur
den jungen eos die dämmerung sagt
er bringt noch einmal lust und
nimmt das fieber mit die kranken
er spricht den seltsam singenden
dialekt wischt sich die hände an
der hose und geht hügelan die
mispeln unterm ast vergaß er viel
leicht konnte er so hoch nicht
langen und die sonne später wird
eine von ihnen sie hat zwei kerne
manchmal drei ich zähle sie immer
um mich zu entscheiden *alphecca
ras algethi maasyn* die bettelschale
mit dem gezackten rand der kopf
des knieenden die handwurzel das
ist es was ich nach hause bringe

****

im castello aragonese kaum kontur
mehr setzten die klarissinnen ihre
toten auf mauerbänke fleisch das
langsam zerfiel ins gebet vielleicht
wurde es für sie schließlich zu
jenem bild das die dahinter gehende
sonne seziert: die reben die sich
noch an den rissigen knöcheln ihrer
stöcke büscheln: mondbein und kahn
bein danach die wolken welche die
eigenen konstellationen in den
schiefer kratzen: *leucothea halia
danaë* soviele namen die mir nicht
von der zunge gehen der wind löscht
sie allein das holz des selben
sterns fällt in die ziegelrote
kerbe der nacht und ein zweites mal

***

solstitium zumindest von hier aus
hat sie die flanke nicht erreicht
über den morgen rollt sie wieder auf
die terrasse und zu den hundstagen
ist sie steuerbord der barke das
schiff ohne mast die borke tragen
die ameisen ab stück für stück so
kommt der wind nicht auf hast
gelacht als ich's dir gesagt hab
daß deine musch wenn sich die
beine im kreuz zur lippe schließen
aussieht wie der epomeo die ganze
küstenlinie vom küchenfenster aus
bis monteprocida meine navigation
auf armeslänge aber der abend liest
die untiefen anders ab striemen
auf der bleihaut des aals den du
gerade salzt und darüber beginnt
die flache erde auf augeshöhe

**

ganz abends wird das wasser weißer
als die innenseite deines armes eine
naht der wimpern die jeder blick
löst deine augen im oval das dunkel
zur fläche wird das saftige fleisch
geschälter pfirsiche auf dem tisch
eine linie die der sand von den zehen
zur ferse zieht und der fuß ein abdruck
der hand die du immer zu klein hältst
aber inzwischen bin ich freitag
an der palisade der haare und deine
brüste kleiner als meine grobe hand
mit dem finger fährst du dem saum
am schwanz entlang dort wo wir
zusammenwachsen zur zunge die mandel
der sonne die deinen namen in die
nacht lispelt ein wiederholen des
lautes ein erstes ungelenkes mal

*

pesce spada: auf dem abgeschlagenen
marmor des tisches die einsamkeit
der magere atem zwischen zunge &
zähnen das phosphoriszieren der
ziffern über unsern köpfen münzen
an den rand des tellers gelegt:

la rosa pubblica: für jenen der
sie hält und mit tauben fingern
dann wie sie schließen blatt für
blatt die doch keine stunde hat
keinen mund die narbe nur dort wo
sie sich kehlt: *la rosa pubica:*

keiner der's erträgt noch auf der
handwaage der händler ein stummes
zucken das innehalten des messing
zeigers unter schreien und preis
fische wein die blumen zusammen
in eine zeitung geschlagen papier
auf dem ich schreibe: *il mattino*

zwischen den akazien das positions
licht des tankers *l'arca* reklame
am schott der nacht zwei schritte
kann ich für einen setzen zwischen
crescenzo & dem kai *dichiarazione*
d'amore e di passaggio beiseite
gesprochen bis die flache hand das
heck aus dem dunkel streicht die
zunge das land
dein gesicht ich finde es nicht und
arkadien noch ist nicht saison an
der mole zerfällt das wasser in drei
striche treibgut plastikflaschen
die gußeisernen stühle ein tisch in
der handbreit gezeit worte tinten
fische starr in der strömung im
rost ihrer beine fängt man sie mit
glimmenden haken stetig die leine
einholend lassen sie nicht nach sind
ohne sichtbare wunde und die boote
vertäut

**

tag und nachtgleiche auf fast
41° breite fällt die sonne das
röt prochytas so wie ich dich
habe erröten sehen *(il rossore
mitico e il ...* cartolaio ˙sagt
andreas) und der mond ist eine
löschwiege auf dem bogen der
nacht ich weiß jetzt auch warum
beider durchmesser ist mein
mittelfinger oder die laterne der
via tortora nr. 11 und der pol
leer zwischen alpha des drachen
und beta des kleinen bären gleich
viel als ich zum hafen hinunter
ging (sie hatten bootes gerade
von der helling gelassen) war
der himmel eine handkolorierte
postkarte und ich setzte mein
einziges lächeln auf eine photo
graphie aus dem 19. jahrhundert
nennst du die sterne arctos &
arcturos zwischen elle und hand
gelenk 22° am arktischen kreis
schließlich die trigonometrie
der begierde und schriftzüge in
zweieinhalb sprachen mein nun
ja warum nicht störrisches herz
das mir wieder einmal mit in das
kuvert des morgens rutscht

*

die letzten ausläufer des atlas'
grünspan oxydiert und seidig der
sand für die gespreizte hand
waren wir an diesen ort gelangt
& doch nicht vor ort höhenlinien
schraffierten flächen entlang
die keine legende lesen ließ auf
einer mercator-projection irgend
wo aber die hesperiden und deine
unglaublich schmal braunen augen
die ihm zu nahe waren zu nahe an
den schläfen einbuchtung die ich
ertaste zwischen ferse und sehne
achilles als ob du die berührung
zulassen würdest deine scham es
wäre die moral der metapher aber
ich trage anderes einen apfel
der staubfäden nabel am knoten
der knospe ein mutter mund und
wirst du uns dann kennen von
einander wer das gewölbe von der
schulter nahm & wer das gebälk
trägt für die plejaden vielleicht
die hyaden des farnesischen atlas'

**

der mond zieht seine schlieren
über's fenster saugt sich fest
am walrücken des berges in den
spalten seiner haut ein lotsen
fisch und das eine schneefeld
ende mai immer noch wie eine
grönlandkarte brüchig an den
faltstellen die entfernung nicht
verzeichnet nach dem fick am
straßenrand ein langes atem
halten sagtest du mir endlich
wenn ich die anderen sehe alt
wie ich verbrauchter nur die
gesichter und ein kind im arm
warum gibst du mir nicht meinen
eigenen tod zurück jenen den
wir uns wünschten mit elf oder
zwölf mit bloßer zunge vom ge
länder leckten bis sie gefror
den unterkiefer schmal gereckt
stießen laut aus nicht wirklich
vor schmerz wie pottwale die
noch durch eine dünne eisschicht
brechen felsrelief und gneis

*

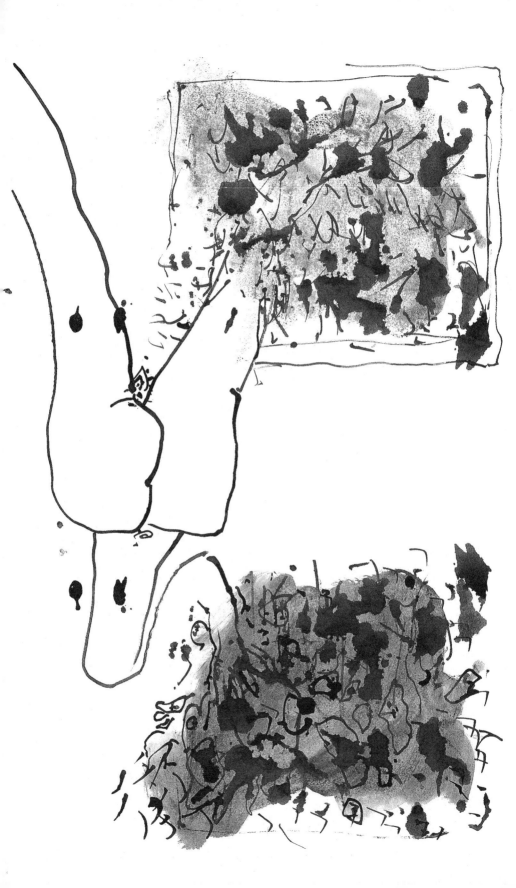

VIII

als hätte ihn der hunde feiges keifen
blank geleckt sirius & canopus argos

ruder das am horizont treibt zwischen
rhodos & cadiz und norden fünf finger

breit im wein dort wo der wind den mond
aus dem gehölz sich klaubt mund der sich

erst an der kniekehle rundet ich sah sie
am augenrand die lanzetten der pinie weißt

du ich bin ein wenig kurzsichtig das licht
bricht sich nur halb so wird ein gesicht erst

schön rauh warst du deine zunge auf den
lidern sagtest bitter kreide & alaun wo

schläfst du nun zwischen genua & neapel
träumst du von wölfen und der mond ist ein

bullauge die fähre die nacht zwischen der
piazza garibaldi & dem corso wirft sie anker

& die hunde mit nadelspitzen zähnen bellen bellen

VII

die kratzspur der fingernägel auf der salzig
braunen haut karst das wasser zieht sie

nach kalt genug daß sich deine rechte brust
aufrichtet rascher als ich dich streifen

kann nur auf der herzseite helfe ich aus
warze die sich sanft kuppt du beugst

dich vor geschickt daß ich auch in dir
bleibe strähnen spröde über rist &

widerrist der helle grat der narbe am knie vor
bei als hättest du sie dir beim lauf im

ginster gerissen beißt die lippen weiß dein
hintern an meinem bauch die beine an

gewinkelt mit dem ende eines zweiges in
die erde gezogen mit der zunge &

der geruch nach feuchtem laub du zuckst vogel
beere wenn ich mit dem schnabel scharre

ein hochfahren gefiederten kopfes augen blank
wie kiesel das sickern des wassers das

die erde glatt läßt ein berühren in der mulde
wo das haar ist dort ist auch die liebe

und der kuß ein langer schmaler riß im kalk

auf den eichenplanken meines tisches sitzt
sie im gegenlicht dort wo die schreibmaschine

steht und wippt mit einem bein ich will' sie
nicht nur daß sie es verspricht die spitze

brust wenn sie die achsel zuckt der gebrochne
riemen der sandale der an ihrer ferse streift

sie kennt die madrigale aus einem magazin
und die posen auch wenn sie ihr mißraten ein

unverhohlenes postskript ich nehme sie an
ihren knien draußen der baum an dessen rinde

sich das licht zu silber fällt ein schenkel
der sich am andern reibt als sie sich auf die

zehenspitzen läßt und auf dem tisch zurück
fast benetzt einen abdruck der nicht bleibt

einen dunklen schmalen mond fast ein blason

V

im licht das schräg sich durch die läden
läßt träg den staub aufleckt vom feld

bett aus und ich auf einem stuhl werfen
sie ihre arabesken fast noch ungewollt

auf das gekalkte weiß der wand: hand die
sich in der hand verliert die neige einer

schulter die am hals sich bricht die schon
verhaltne geste in der ihr atem sich zum

saum des bauches hebt dem doch widerstehen
dem eine die andere unterwirft kaum daß

sie den laut erlaubt und der bittere geruch
von mandarinenblättern die man mit zwei

fingern knickt bhaïba wendet sich mir zu
vielleicht daß sie nickt oder aïsha mit

tauben augen blickt figuren eines schatten
spiels das sich mit leerer hand beendet

IV

sie reicht mit hohler hand
wie voll wasser hin zum email

dann zur achsel und wenn sie es beendet
glaubt verbirgt sie ihre blöße neu bis

auf den schenkel geglitten ist ihr kleid
genug schatten an der haut bevor es das

dunkel ihres haares erlaubt im hammam
sieht sie den der schaut durch die

lamellen gibt sie sich preis und
scheu die augen aus dem ellenbogen

öffnet sie sich als wär es ungezogen
weil aus der karaffe wasser sie verschüttet

bis es in meiner hand versiegt stumm
vor scham die sie mir blicklos raubt

dem glatten schlupf im stucco der nacht
glitt ich mit hand und zunge nach
schloß ihn mit dem mund leckte schminke und salz

es ward mir lang wie ziegenhüten
vor der barocken kulisse ihrer pracht
und ich pulcino & sig. formica gleich mannigfach

die commedia meiner arte bat gott ich zu verhüten
ex machina aus dem schnürboden dem falz
ihres korsetts das sich des beifalls wegen spannte

obwohl ich sie nicht am namen kannte
da nannte sie mich ungehobelt poltrone im sperrsitz
jedenfalls nicht von ihrem rollenfach

einen putto dessen hosenschlitz
aus gips im stucco der loge dieser nacht
einem billigen neapolitanischen schlafgemach

müde waren ihre lider und isabell
der letzte schluck von ihrem mund
der sich in träges schweigen leerte

an unsren augen rieb es sich wund
und verlor das komplizenlächeln schnell
an die ungestandne lust von der sie zehrte

als sie aufstand dann und ging
war es grund eines losen mißgeschicks
daß ich mich im nachhinein verging

denn unterm kleide doch ohne die gewähr
eines zurechtgerückten augenblicks
sah ich die dunkle raute wie von ungefähr

*

die narren lachten aus den spiegeln im gesims
als sie meine hand verglich
und lippenlesend flüsterte nimm's
doch nur als pfand und sei nicht kleinlich

mit dem cameriere
daß er weiter uns den tisch freihält
die spanische wand ohne die's nicht wäre
und unter der tasse gib dein geld

doch im caffè san marco in triest
war dies nicht das einzige gebrest

I

sie lehnte an der balustrade des hôtel des bains
und warf mir ihren schlüssel zu *deuxcentquinze*
die 5 ließ ich beiseite und hielt mich an die 2

die mit hochgezogener schulter mir den rücken kehrte
nur leicht die stirn plissierte und mich lehrte
mich grazil an ihr zu krümmen bald wie eine 3

mit *duecentoqu'indice* besann sie sich auf italienisch
die 1 mathematisch mit dem zeigefinger zu addieren
daß ich trinkgeld ließ ohne groß zu korrigieren

*

was wir aneinander faßten hatte keinen namen
wer würde da schon sagen brust und mund und samen
wo wir doch das eine für das andre nahmen

die brust war ein laib brot noch warm und fahl
ihr mund aß nicht und doch hielt er sein mahl
und die brosamen mir eine ihrer vielen zungen stahl

so fiel der abend und einer stand dem anderen modell
für ein stil- oder stilleben von corot
in diesem venezianischen hotel *au bord de l'eau*

Das war das eigenartige daran, daß sie es immer früher wußten, nur ich sie schlecht zu lesen verstand; sie natürlich – ohne daß du's hörtest – hat es gewußt, wann ich mit meinem a.b.c. am ende war, sprache, die schließlich die deine war; nur ich hatte vergessen, daß ich sie schließlich doch von ihr gelernt hatte.

Und so wurden sie geschrieben: aus den notizbüchern der letzten beiden jahre, am rande einer zeitung, auf die rückseite eines schifftickets, der stets zu hohen rechnung, zwischen den zeilen der états et empires de la lune, in venedig, triest, neapel, tunis, als carte blanche und billet doux, vielleicht über meine verhältnisse, manchmal leserlich, immer für jene, die zuhörte, für *d.,* sie, dich, egal, rezitiert, korrigiert, in blei und garamond gesetzt, wieder eingeschmolzen und jetzt doch noch ...

Und so hab' ich dich nachgezeichnet: baumbart die brauen innenholz das haar das aug aug die nase der specht wenn er im mund innehält hals wo wir das mühlrad bauten die schulter wasser das über die kiesel fällt die brüste eine kuhle die wir in die erde unter der föhre gruben in den nabel den mast setzten die ritzen mit pech und moos dichteten der bachkrebs mit den zwei scheren seine spur zu den kreuzbeingrübchen und dann ein langsames atemanhalten bis zu den zehen.

Guihelms lieder ins deutsch zu schreiben war eins, auf allen um- und abwegen, von der *tradizione* zur *traduzione*, bis seine handschrift zum vorschein kam, die sarkastische gier, die rastlosigkeit, die bittere sehnsucht und das lachen über sich selbst, obszön für manche.

Ein anderes war, daß du mir manches mal über die schulter hinweg dabei zusahst, zwischen tür und angel, und ich, *traditore* einmal mehr, mit derselben feder für sie weiterschrieb und dich auf deine schläfen küßte, welche die engländer tempel nennen, und überall dort, wo man's nicht sagt.

Anfangs waren es die *madrigale*, dieser bastard des sonnets zwischen strophischem und freiem gedicht, der guihelms ton zu dem angiolieris, hofmannswaldaus, bellmans führte, burlesk, barock, bramarbasierend, ein spöttisch gezierter knicks, den sie mir ohnehin nicht abnahm.

Einen anderen ton zu finden, indem man ihn von mal zu mal aufs neue verlor: mit den *distichen* wurde es eine geschichte der reime, die sich nach innen legen, bis sie kaum mehr hörbar werden, der reime, die man nicht mehr setzt, der reime, die du für mich hinzufügtest.

Doch erst in den *freien versen* kam die strenge form wieder, enjambement und assonanz im rahmen, der nicht mehr einfach zu übergehen war, ein bogen, der sich neigte und mit der *epode,* dem abgesang, schloß.

Überhaupt, diese gedichte: der tisch ist weiß wie papier, all so schreibe ich auf ihm, so könnte man sagen; die terrasse auf den golf – so diesig ist es heute, daß es aussieht, als würde der himmel nie mehr aufhören und die erde zum ersten mal rund. miriam füttert den kleinen, den gestern nacht die mücken ganz zerstochen haben, valentina und franz reparieren sein dreirad; rutscht sie an den nimbusschrauben ab, denke ich mir, sind gedichte wie ein fahrradschlüssel, ein knochengroßes stück blech, dessen ausstanzungen für all das passen, was sich nicht schreiben läßt. greift er, werden die sätze zu zahnrädern, naben und speichen, ein mechanismus die worte, uhrwerk und anker, bis das rad surrend leer läuft.

raoul schrott

für daniela

die
dreizehn gedichte

mit vier bildern
von
adolf frohner

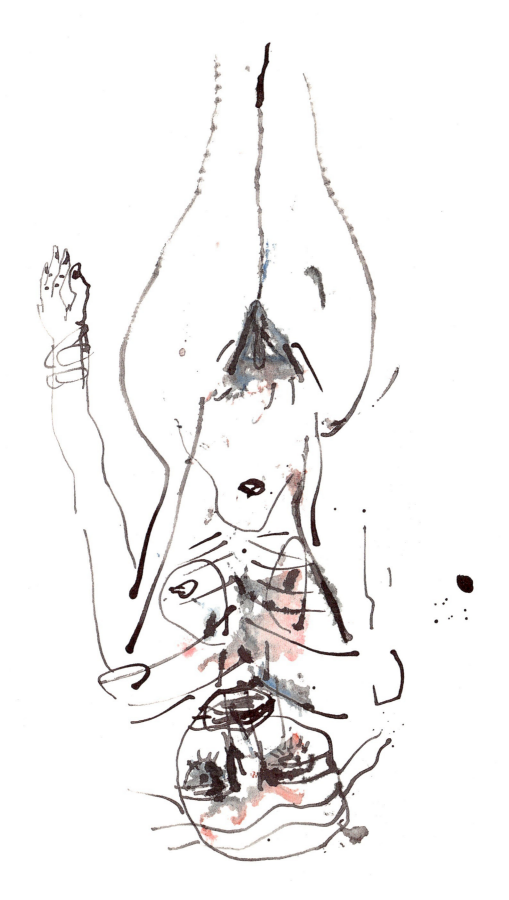

raoul schrott · guihelm ix.

RIME

*wie die elf lieder des guihelm ix., herzog
von aquitanien & graf von poitiers,
1071 – 1127, von dem raoul schrott
in das deutsch geschrieben
wurden und dieser sich,
1990 – 1991, darauf mit
selbiger feder ein
dutzend verse
machte, für
daniela.*

haymon